Let's Learn The Fr

Apricot

Aprikose

Let's Learn The Fruit's Names
Pfirsich

Peach

Let's Learn The Fruit's Names

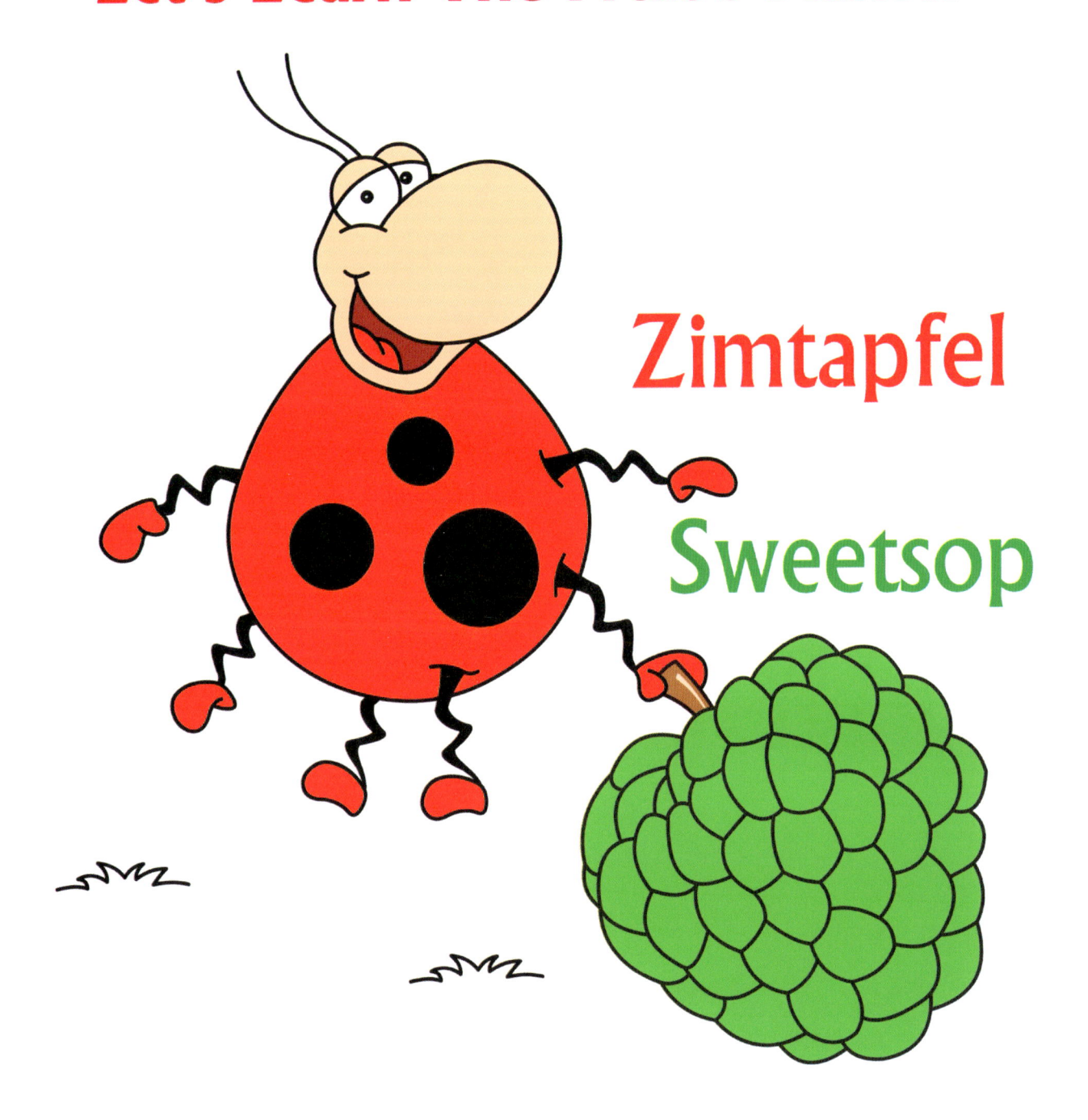

Zimtapfel

Sweetsop

Let's Learn The Fruit's Names

Mango

Mango

Let's Learn The Fruit's Names

Loquat
Mispel

Let's Learn The Fruit's Names

Pomegranate
Granatapfel

Let's Learn The Fruit's Names

Plum

Pflaume

Let's Learn The Fruit's Names

Grapefruit

Grapefruit

Let's Learn The Fruit's Names

Clementine

Klementine

Let's Learn The Fruit's Names

Apfelsine

Orange

Let's Learn The Fruit's Names

Guava

Guave

Let's Learn The Fruit's Names

Papaya

Papaya

Let's Learn The Fruit's Names

Passionsfrucht

Passion Fruit

Let's Learn The Fruit's Names

Kiwi   Kiwi

Let's Learn The Fruit's Names

Ananas

Pineapple

Let's Learn The Fruit's Names

Trauben

Grapes

Let's Learn The Fruit's Names

Apple

Apfel

Let's Learn The Fruit's Names

Banane
Banana

Let's Learn The Fruit's Names

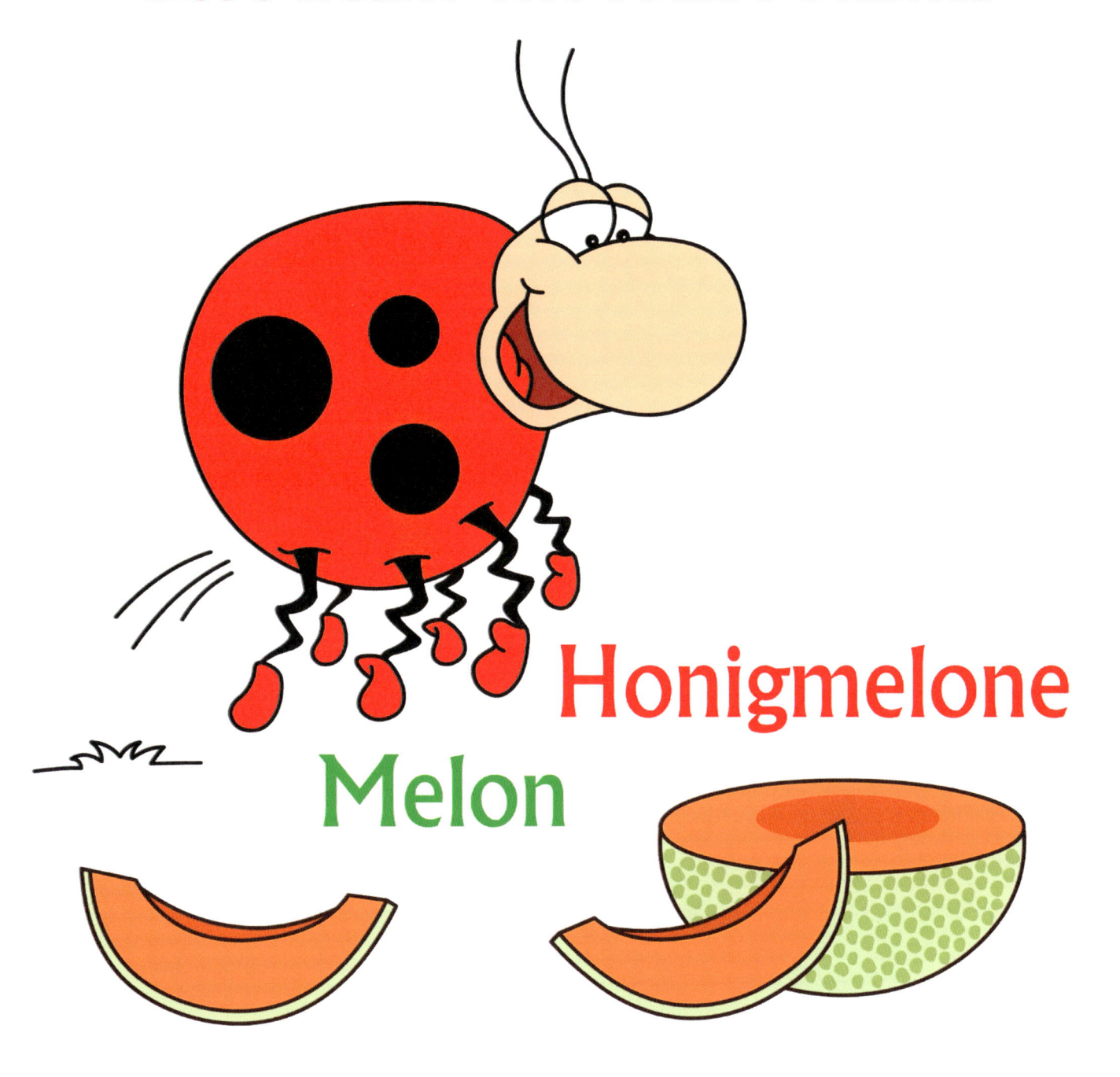

Honigmelone
Melon

Let's Learn The Fruit's Names

Avocado

Avocado

Let's Learn The Fruit's Names
Wassermelone

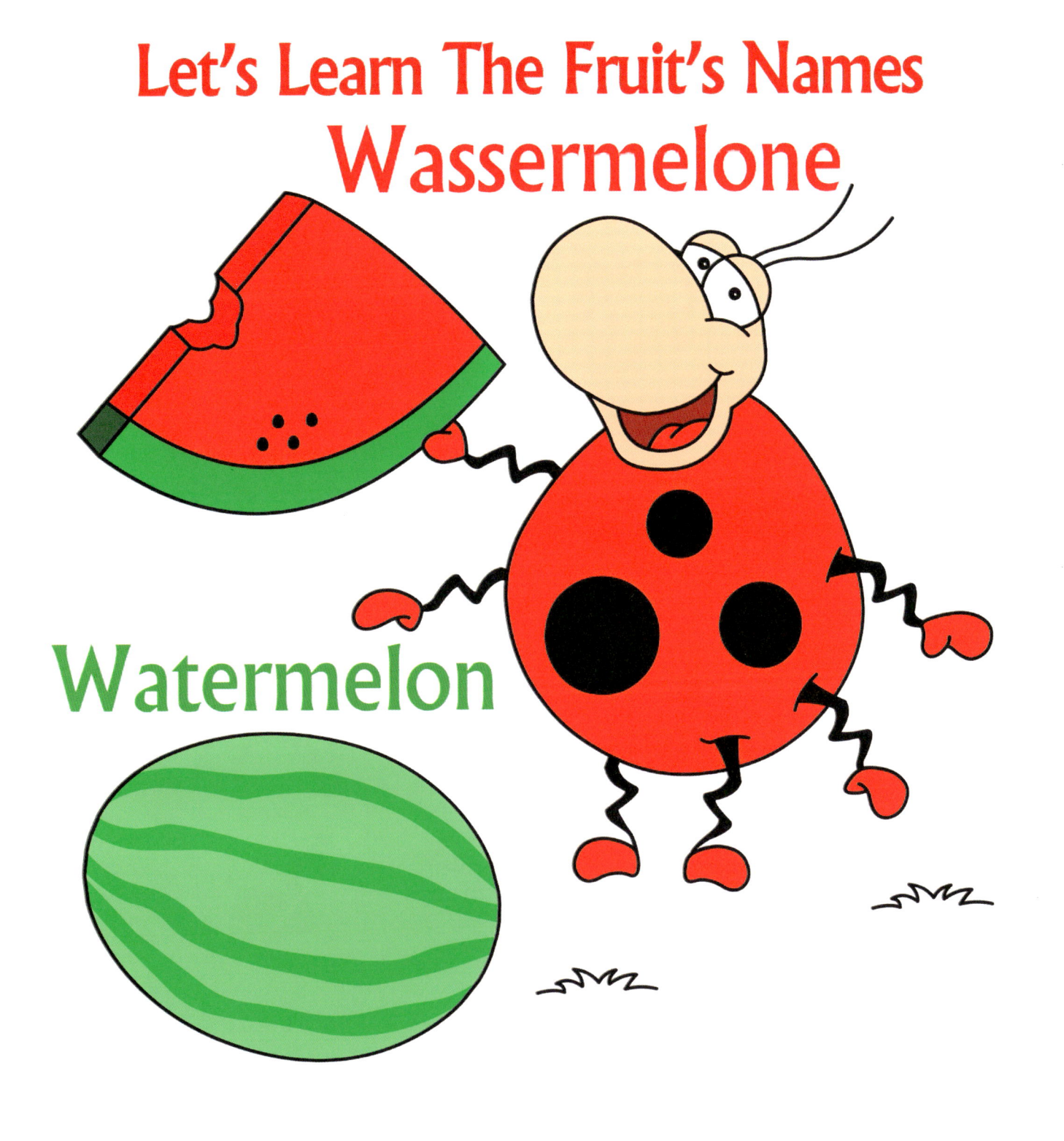

Watermelon

Let's Learn The Fruit's Names

Kirsche
Cherry

Let's Learn The Fruit's Names

Zitrone
Lemon

Let's Learn The Fruit's Names

Coconut

Kokosnuss

Let's Learn The Fruit's Names

Pear

Birne

Let's Learn The Fruit's Names

Persimmon

Kaki

Printed in Great Britain
by Amazon